SCHUTZMARKE HAFRIED

Handgeschriebene Schriften

Schriftenvorlagen für einfache und leichtauszuführende Beschriftungen in verschiedenartiger Anwendung in der Technik, für Gewerbe, Schule und Haus, auch für den Selbstunterricht zusammengestellt

von Franz Endress.

Vorwort zur Neuauflage

Wenn andere Schuhe shoppen, stöbern wir in Antiquariaten. Statt des Kleiderschranks quillt das Bücherregal über. Und wie auch immer wir das leidenschaftlich gefüllte Typo-Regal ordnen, nach ein paar Jahren ist neues Räumen angesagt. Das dauert dann ewig, weil wir blättern statt zu sortieren. Auf der Leiter: »Ist das nicht bezaubernd?«; Kopf aus der Bücherkiste: »Zeig!«

Gemeinsam staunen wir über ein hundert Jahre altes Musterheft mit Schriftvorlagen für handgeschriebene Schriften.

Irgendwie muss man dieses Heftchen lieb haben. Rührend die Merksätze:

Vielfach seh'n die kleinen Zeichen
wirklich aus zum Steinerweichen oder

Den freien Raum – gemeint sind Lücken –
muss man recht schön zusammenrücken.

»Max und Moritz diese beiden,
könnten dieses Heft gut leiden«

reimen wir weiter – und das klingt in uns nach …
So kommt es zu diesem Reprint.

Viel Freude beim Blättern und Schreiben wünschen

Karin und Bertram Schmidt-Friderichs

Vorwort.

Schriftzeichnen oder schreiben, aber einfach und leserlich, ist keine Kunst, erfordert aber eine gewisse Fertigkeit, die sich jeder leicht zu eigen machen kann, wenn bei notwendiger Übung die einfachen Grundregeln und zweckmässigen Formen beachtet werden, jedoch mit der Voraussetzung, daß auch auf die Anwendung der einfachsten Hilfsmittel die erforderliche Sorgfalt aufgewendet wird.

Besonders sei darauf hingewiesen, daß für einfache Schrift, die bei **technischen** Zeichnungen fast allgemein üblich ist, absichtlich nur einige Regeln und Formen gegeben werden.

Wenn auch die Zeichnung stets die Hauptsache bleiben muß, so wird eine gute und klare Zeichnung in den meisten Fällen jedenfalls doch immer einer besseren und günstigeren Beachtung teilhaftig, als wenn das Zeichnungsblatt unsauber aussieht oder unübersichtlich und schlecht beschrieben ist.

Schriftzeichen, die aus senkrechten, gebogenen und schrägen geraden Strichen, die manchmal auch verschiedene Breiten haben, zusammengestellt und geschrieben (nicht gezeichnet) worden sind und bei der einfachen Herstellungsart keine nennenswerten Schwierigkeiten eintreten, stellen wegen der einfachen Formen nicht so große Anforderung an das Gedächtnis des Schreibenden. Diese Anforderungen werden aber entsprechend größere, sobald es die Herstellung von dekorativen und bunten oder verzierten Schriften betrifft, denen leider oftmals allerlei unnötiges Beiwerk hinzugefügt wird.

Diese letztgenannten Schriften, deren Erlernung und richtige Anwendung dem Ungeübten vielerlei Schwierigkeiten bereiten, werden bei technischen Zeichnungen, welche dem Handwerke, dem Gewerbe und den sonstigen verschiedensten Zwecken dienen, nur selten zur Anwendung kommen. Selbst für einfache Geschäfts- und Reklamezwecke werden solche Schriften kaum für erforderlich erachtet, weil sie allgemein auch nicht als zweckmäßig zu erachten sind. Allein schon wegen der viel Zeit beanspruchenden Herstellung für technische, gewerbliche sowie sonstige Zwecke und auch für den Gebrauch in Schule und Haus bedeuten diese eben erwähnten Schriften demnach unnötigen Ballast.

Im allgemeinen sollte die Schrift (auch die Handschrift) klar, einfach, deutlich und dennoch auch charakteristisch sein.

Sehr oft kann man das Bestreben wahrnehmen, die Schriften möglichst undeutlich und unleserlich herzustellen; so daß man der Meinung werden könnte manchmal babylonische, chinesische oder noch sonstige andere Zeichen und Gekritzel als Schrift bei klaren Zeichnungen enträtseln oder klarstellen zu müßen, was eben viel besser durch einfache deutliche Schriftzeichen ausgedrückt werden könnte, dabei leicht lesbar, klar und gut übersichtlich.

Eine schöne Schrift braucht nicht immer zahlreiche unnötige Beigaben, Schwünge und Schnörkel aufzuweisen, sondern soll deutlich und ebenmäßig aussehen.

Um letzteres zu erzielen ist die kurze Übung unerläßlich; denn eben so wenig wie man Unschönheiten und Gewohnheiten, mit denen man schon vertraut geworden ist, urplötzlich beseitigt, kann mancher im Laufe der Zeit sich trotzdem auch zu einfachen, besseren und zweckmäßigen Formen und Dingen bequemen.

Unsere anerkannt leistungsfähige deutsche Industrie liefert in großer Auswahl und in sehr reichhaltiger Anzahl die verschiedenartigsten Mittel und Gegenstände für alle vorkommenden Schreibzwecke, zum Beispiel: Bleistifte, Kohle und Kreide, Kork- und Holzquellstifte, Vogelfedern, Rohr- u. Stahlfedern, verschiedengestaltete Federn und Pinsel in allen Arten, sowie weiße, schwarze und die sonstigen verschiedenen farbigen Tuschen, Tinten, Papiere u. Kartons.

Die jeweilige Art der Anwendung dieser genannten Schreibmittel, im Gewerbe, in der Technik und für die besonderen Zwecke des Geschäfts und des Handels, desgl. in Schule und Haus, auch für Unterrichtszwecke, kann allerdings sehr verschieden sein.

Die Regeln für die Steilschrift gelten in fast ähnlicher Weise auch für die Anwendungsformen bei nach vorn oder nach hinten geneigter schräger Schrift, selbst bei gedrängten oder gezogenen Schriftreihen, die Zeichen von eckigen und runden Formen aufweisen, sowie auch bei den verschiedenartigsten Schriften die mit der Rundschriftfeder hergestellt werden.

Aber das Augenmaß ist der beste Lehrmeister für den Schreibenden.

Sehr oft vernimmt man die Meinung, daß die Schriftzeichen neben einander alle den gleichen Abstand haben müssen; doch ist diese Meinung als nicht ganz einwandfrei zu bezeichnen. Dafür mögen die betreffenden Schriftreihen auf einigen Blättern dieser kleinen Sammlung, in absichtlich schlechter und verbesserter Anordnung der einzelnen Schriftzeichen zu einander, dem Leser, Beschauer oder Übenden deshalb selbst zur Erkenntnis dienen.

In den verflossenen Jahrhunderten hat die Schrift, besonders in ihren Formen, mancherlei Wandlungen mitgemacht.

Aber von wissenschaftlich begründeten oder kulturgeschichtlichen Mitteilungen soll in diesem kleinen Hefte absichtlich nichts erwähnt werden, weil dieselben für den beabsichtigten Zweck doch auch völlig belanglos sein würden.

Oftmals sind auch sogenannte moderne Schriften sehr beliebt, deren Formen aber manchmal der größte Mangel der Lesbarkeit anhaftet; so daß viele Leser aufs Raten verfallen müssen, um nach aufgewendeter vieler Zeit und Mühe endlich einmal zum Ergebnis zu gelangen.

Über die Anwendung solcher modernen Schriften kann man verschiedener Meinung sein; denn oft genug sieht man leider auch beim Buchdrucktypensatze, oder in geschriebenen Sätzen mit stehender Schrift, alle möglichen Schriftarten, z. Bspl., römische, gotische, französische, deutsche, Fraktur, Schwabacher und Fantasieschriftformen, weder sinngemäß noch stilgerecht, zwecklos durch einander gemengt oder miteinander verschmolzen.

Hier sollen nur kurze Anleitungen gegeben werden, wie man bei Anwendung der geeigneten besonderen Schreibgeräte klare und lesbare Schriften anfertigen kann; ohne daß man viel zeitraubende Arbeit aufwendet, indem man die gewünschten Schriftzeichen durchpaust und durch langwierige umständliche Nachzeichnerei nachtiftelt und zurechtstutzt.

Je nachdem es nun die Handhabung des Schreibgeräts bei dem betreffenden Schriftzeichen bedingt, soll die Form des Zeichens nur mit demselben Gerät fertig geschrieben werden. Bei einigen Schriften bedarf es nur einer geringen Drehung des Schreibgeräts, um den gewünschten Zweck zu erreichen.

Nur bei einigen Schriftarten in dieser Sammlung braucht für die beabsichtigte Schriftart eine Umwechselung des Schreibgeräts vorgenommen zu werden.

Auch vorgedruckte Übungshefte sind nicht nötig! Wenn die erforderlichen Schrifthöhen vorliniirt worden sind, dann werden für größere Schrift oder spezielle Zwecke die Worte skizzenhaft angedeutet und man schreibt danach die Buchstaben gleich fertig und vollkommen hin.

Um der Schrift aber eine möglichst gleiche Richtung zu geben, ist deshalb zu empfehlen einige Richtungslinien anzugeben, wie solche bei einzelnen Blättern angedeutet worden sind.

Sowohl beim Schreiben, wie beim Lesen, empfindet man oftmals ein gewisses Unruhgefühl, das wohl dadurch verursacht sein kann, wenn in den Wortreihen der vielen

Schriftzeichen alle möglichen Richtungen wahrzunehmen und außerdem noch allerlei Arten und Schriftgrößen vertreten sind, wodurch auch schon dem Texte, infolge der Gruppierung zum gesammten Wortbilde, ein störendes unschönes und unausgeglichenes Aussehen verliehen worden ist.

Über den Begriff des Wertes des allgemeinen sowie des eigenen Geschmacks und des Wohlgefallens wird man doch wohl noch immerwährend, auf jeglichem Gebiete, sehr verschiedener Meinung sein und bleiben; denn Geschmack ist eine individuelle Empfindungsangelegenheit und mithin von den vielen äußeren Einflüssen und Einwirkungen bedingt und abhängig.

Schriftenvorlagen sind schon in reichhaltiger Anzahl im Buchhandel erschienen, in tadellos sauberer und auch in mehrfarbiger Ausführungsart durch verschiedene Druckverfahren vervielfältigt.

Wenn man die oft verschwenderische und farbige Ausstattung als beabsichtigt und berechtigt anerkennen muß, so erblickt man aber dennoch in vielen Werken dieser genannten Art zusammengestellte Buchdrucktypen oder beachtenswerte wunderbar in Lithographie ausgeführte und kalligraphische Arbeiten, die vermöge ihrer bestechlichen besonders gewählten Anordnung und Reihenfolge, im ersten Augenblicke des Betrachtens, wohl einen gefälligen Eindruck erwecken und demnach für die Anschaffung bestimmenden Einfluß geben werden.

Aber Hinweise über zweckmäßige Herstellung und sachdienliche Anordnung der abgebildeten Schriften wird man in den meisten Fällen vermissen.

Der Nutzen, Zweck oder Wert der geleisteten Arbeit soll nicht immer darin verborgen oder erkennbar sein, daß sehr oft recht viele und lange Zeit und große Mühe bei Herstellung der beabsichtigten anzuwendenden Form der Schrift aufgewendet worden, sondern daß die einfache Schrift, aber ebenfalls demselben Zweck dienend, verhältnismäßig schnell, leserlich und deutlich aber mit einfachen Mitteln leicht angefertigt werden kann.

Mit dieser vorliegenden Arbeit ist ein Versuch gewagt und beabsichtigt worden, durch allmählich schwieriger werdende Aufgaben, auch den weniger Geübten bei Anfertigung von leichtausführbaren Schriften nach Möglichkeit dienlich zu sein.

Ich gebe hiermit gleichfalls der Erwartung Ausdruck, daß diese Arbeit, des erwähnten Zweckes wegen, nur von diesem Gesichtspunkt aus, einer entsprechenden Kritik gewürdigt werden möge.

Es ist das Bestreben gewesen mit nur einfachen Mitteln eine zweckdienliche Arbeit, welche auch einen Erfolg in der Wirkung auf das Allgemeinverständnis für das Wesen einer leserlichen Schrift erhoffen lassen möchte, mit dieser Schriftensammlung zu bieten. Aus dieser Veranlassung sind bei einigen Schriften auch kurze zu beachtende Regeln gegeben.

Sämtliche Schriften in diesem Hefte, die im Original handschriftlich hergestellt sind, sollen aber nicht als großartig ausgeführte Zeichnungen oder als bewundernswert zurechtgetifteIte Arbeit gewertet werden.

Durch photochemigraphisches Verfahren sind die geschriebenen Blätter in Originalgröße vervielfältigt worden. Von verkleinerten Wiedergaben ist absichtlich Abstand genommen, aus dem Grunde, damit auch alle anhaftenden Mängel sowie die beim schreiben entstandenen Unvollkommenheiten, Zufälligkeiten und Unschönheiten, die teils auf die Verwendung des Schreibgeräts zurückzuführen sind, unverschleiert wiedergegeben werden sollten.

Denn durch photographisch verkleinerte Wiedergabe wären die erwähnten Unebenheiten und schwer zu vermeidenden Übelstände, auch sonstige störende Begleiterscheinungen, erfahrungsgemäß auch bedeutend vermindert worden und weniger wahrnehmbar.

Für die Drucklegung dieser Schriftensammlung ist keine einzige Buchdrucktype gesetzt worden, aber nicht etwa in der Absicht dem schönen alten und bewährten Buchdrucker-Gewerbe, einer Erfindung deutschen Spürsinnes und regen Fleißes, Konkurrenz bieten zu wollen, sondern mit den kleinen Vorlagen nur Andeutungen und Richtlinien zu geben, daß man für Einzelarbeiten, wie bei technischen Arbeiten und Zeichenarbeiten aller Art, bei Plänen, Plakaten, Urkunden, Ankündigungen im Handel und Gewerbe, bei Glückwunsch- und Jubiläumsadressen und vielen anderen Textschriften, in anbetracht der einfachen Herstellungweise, treffliche und sinngemäße Beschriftungen in charakteristischer und ansprechender Weise gefällig und geschmackvoll, mit mehr oder weniger Geschicklichkeit und nach eigener Erfindungsgabe, handschriftlich herzustellen vermag.

Die Darbietung dieser kleinen Schriftensammlung wolle der betreffende Leser nicht so auffassen, daß gegen jegliche kalligraphische Ausführungsweise, die doch nicht jedermanns Sache ist, Einwendungen erhoben werden sollen; sondern diese Schriftenblätter sollen nur als Grundlage für einfache Formen der Schriftarten betrachtet und gewertet werden.

Somit sei diese Arbeit der gefälligen Beachtung gelegentlich empfohlen.

Der Verfasser.

Hamburg.

Nr. 812 Hafried-Zirkel vom goldenen Schnitt

$^2/_3$ der wirklichen Größe

a—b = ef

c—d = gh

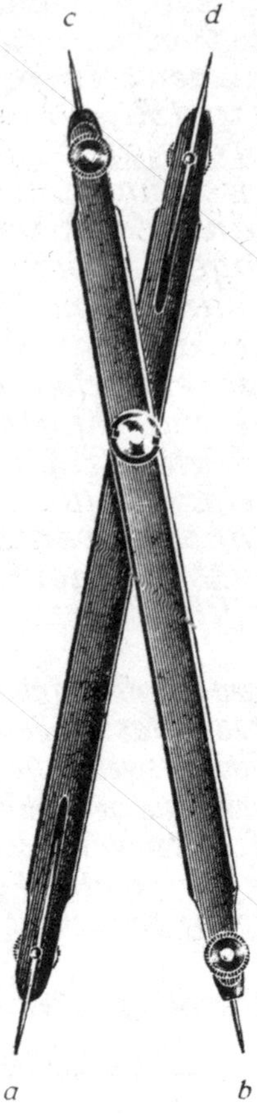

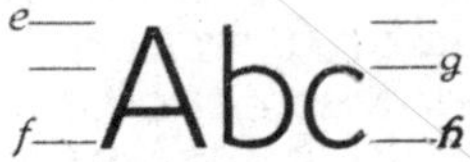

Verkleinerte Wiedergabe

Neue Hafried-Schriften für Plakatkunst und technisches Zeichnen.

Inhaltsverzeichnis:

Dünne Skelettschrift.

Blatt 1.

Alle Buchstaben, schmal und lang, freivorzeichnen aus der Hand. Man achte d'rauf bei c und r ist Zwischenraum geringerer. Die Wagerechten ziehe schlau mit Ziehfeder, dann wird's genau. Wer frei nicht senkrecht schreiben kann, der wende noch den Winkel an und ziehe mit der Feder kühn, die schlanken Striche senkrecht hin.

Bei Zwischenräumen in der Schrift nützt meist das beste Zirkeln nicht; dies hält nur Zeit u. Arbeit auf, – die oft sehr dringlich – achte d'rauf!

Gebrauche schön das Augenmaß, alsdann macht selbst das „Schreiben" Spaß.

Auch eines merke sich ein jeder: Schreibt niemals mit solch spitzer Feder, die schlecht auf dem Papier wird gleiten und außerdem Geräusch bereiten. Nehmt solche, die schön stumpf und rund, – und die nicht kratzen – sind gesund; nehmt trotz der Harten, auch die Weichen zum schreiben aller Schriftenzeichen. Aller Anfang ist schwer!

ABCDEFGHIJKLMNOPQRSTU
VWXYZ:!?(Klammer)„–";.Schatz.
abcdefghijklmnopqrrstuvw
xyz. ft, fl, st, ſtimmen. Ziffern: ß
1234567890. 7.6.1916.

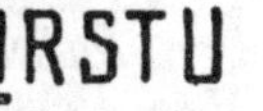

Schriftenhöhen, klein zu groß, wie 2 zu 3, das merke blos!

Dünne Skelett, eckige Form.

Blatt 2.

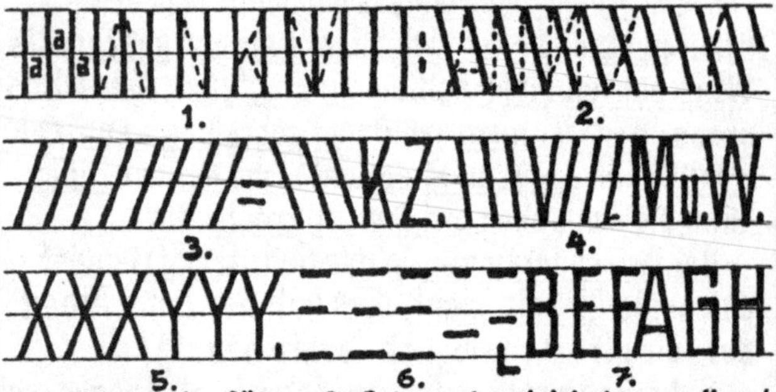

1. Abstand a für große Zeichen ist gleich den gewünschten Breiten. 2. Schräger Strich, bei A, K, N, läßt sich auch leicht hinmachen; ebenfalls bei R und V gilt die Regel ganz genau. Die Richtung, wie am Lineal, wird hier jedoch diagonal und von den senkrechten Strichen noch bedeutend abgewichen. 3. Der Schrägstrich bei K und Z ist zu schreiben einfach-nett. 4. Weil M W oft weitbeinig gehen, müssen Schrägstrich' steiler stehen, nicht wie vorherangegeben. Anfangs haut man doch daneben! 5. Hier, bei X und Y, kann man 's bald allmählich schon. 6. Gerad' und wagerecht kennt doch jeder! 7. Nun nimm in die Hand - die Feder - und mit geraden wenigen Strichen wird 's ganze Alphabet verglichen.

ABCDEFGHIJKLMNOPQ

RSTUVWXYZ.

Geschrieben mit Redis-Feder 1146, von Heintze & Blanckertz.

Dünne Skelett, eckige Form.

Blatt 3.

abcdefghiklmnopqr

rstuvwxyz. Anwendung

Grundriß, Ansicht, Objektiv,

Querschnitt, Flugzeug, Detektiv,

Perspektiven, Aeroplan 1679

Ein Bankier, kein armer Mann.

Skelett schreib' auch in

runden Zügen, dann ist

das Schreiben ein Ver=

gnügen. ABCDEFGHI

JKLMNOPQRSTUWX.

Skelett-Block-Schrift
mit runden Formen

übet jetzt nach diesen Normen.
Große Buchstaben kann man
schön, unten auf Blatt 3, ersehn.
Um sie auch gut zu vergleichen
folgen nun die kleinen Zeichen
weiter unten auf Blatt 4. Nach
kurzer Übung stehn sie hier:

|-|-|-|////|\\\\|||=AEHA

(((|)))ↄↄCCC S:

33BPRK·K·KONSULAT.

lↄↄbltgeghjikmvyzft

Alphabet. abcdefghik

lmnopqrrstuvxywzß

Blatt 5.

Beachtenswertes über das Wortbild bei jeder Schriftart. SKELETT-BLOCK-SCHRIFT mit runden Formen. Die großen Buch=staben, vereint zum Worte, stehen manchmal schlecht an ihrem Orte. Fehlt Ebenmaß bei der Verteilung? Dann schadet nur die Übereilung!

Schriftzeichen, manchmal spitz, auch breit, sind Ursach' für so manches Leid; besonders bei Jodd-K-L-R und A-W-P. -Seh't nur mal her, wie sind die nächsten Worte hier schlecht hingeschrieben auf's Papier. (Redisfeder.)

LUMPACIVAGABUNDUS
UEBERLANDZ ENTRALE
KITCHENER UND GREY U.
HELFERSHELFER: VIELE
KONSTANTINOPEL·

LUMPACIVAGABUNDUS
UEBERLANDZENTRALE
KITCHENER UND GREY U.
HELFERSHELFER: VIELE.
KONSTANTINOPEL·

Blatt 6.

Skelettschrift, runde Form.

Vielfach seh'n die kleinen Zeichen wirklich aus zum Steinerweichen, eng und weit; steh'n von einander, - doch gehör'n sie zu einander.

Achtet, was Blatt 5 besagt; schreibt aber dennoch, unverzagt, - und nach einigen schlechten Stücken muß es baldigst auch mal glücken! Vor getan und nach bedacht hat manchem schon viel Leid gebracht. Sprichwörter

Selbst kein Meister fällt vom Himmel in dieses böse Weltgetümmel. Friede ernährt-Unfriede -?-

Ziffern: 01234567890.

Ziffern und Zahlen mit Redisfeder geschr.

Zahlen: 01234567890.0

01234567890.

1234566778889990.

01234567890.18.6.16.

01234567890.1916.

„Zahlenschreiben" ist nicht schwer; aber „zahlen" um so mehr, besonders dann in solchem Falle -- - wenn das Geld schon ziemlich alle.

Raumnutzung im Wortbilde beim Schreiben.

Blatt 7.

Rundschriftfeder 3½

Den freien Raum, -gemeint sind Lücken,-muß man recht schön zusammenrücken. Versucht es nur. -Doch nichts bereuen.-Das Endergebnis wird erfreuen. Durch Kampf zum Sieg!

Abiturientenexamen
Mittellandkanal.
Paternosterfahrstuhl.
Mitternachtsonne.
Großeinkaufsgesellschaft.

Abiturientenexamen
Mittellandkanal.
Paternosterfahrstuhl.
Mitternachtsonne.
Großeinkaufsgesellschaft.

Geschrieben mit Redisfeder von Heintze & Blanckertz, Berlin.

SKELETT=SCHRIFT, Blatt 8.

(dünne Blockschrift,) **Blockschrift,**
mit schlanken und gedrungenen, mit
breiten, eckigen und runden Formen.

Auf dem erstem Blatt schon ausgedrückt:
„Das Senkrechtschreiben nicht jedem glückt."
Teils liegt es an der Federhaltung, teils
aber auch an Formgestaltung. – Drum
wähle jetzt die schräge Lage; vielleicht
verringert es die Plage? Schräglagelinie
unerläßlich! Der Abstand bleibe gut er=
meßlich nach schön erprobtem Augen=
maß; das „Schreiben" ist dann keine Last.

Der Anfang wird nun gleich gemacht;
ihn gut zu machen sei bedacht.

Den guten Vorsatz noch bedenkt.
Das Beste: „Ein gut' Handgelenk!"

Aa Bb Cc Dd Ee Ff Gg Hh Ii Jj Kk
Ll Mm Nn Oo Pp Qq Rr Ss Tt Uu
Vv Ww Xx Yy Zz. Vaterland!

Schlanke Block, mit Rundung.

Aa Bb Cc Dd Ee Ff Gg Hh

Ii Jj Kk Ll Mm Nn Oo Ppp

Qq Rrr Ss Tt Uu Vv Ww

Xx Yy Zz. fl. ff. ft. ß. (-) ! ; ? : ,

1234567890. 18.6.16.

Grundriß für den Keller.

Hochofenwerk Lübeck.

Gute Hoffnungs=Hütte.

Stahlwerksverband.

Normalwalzprofil I Nr.

Längsschnitt. Binder.

Regierungsbaumeister X.

Schräge Block, rund.

Aa Bb Cc Dd

Ee Ff Gg Hh

Ii Jj K R k k L l

Mm Nn O o o

Geschrieben mit Redisfeder No 1146.

P p p Q q R r r.

Ss Tt Uu Vv

Ww Xx Yy Zz.

Bauleitung.

Gedrungene
eckige schräge
Blockschrift. 21616
Aa Bb Cc Dd Ee Ff
Gg Hh Ii Jj KK kk L l
Mm Nn Oo Pp p Qq
R r r Ss Tt Uu Vv Ww
Xx Yy Zz. Schnitte.
WALMDACH.
Benzinmotor.
Hindenburg u.
Mackensen.

Blatt 12.

Gedrungene schräg-
liegende Block mit
Rundungen. A·D·16.

Aa Bb Cc Dd Ee
Ff Gg Hh Ii Jj Kkk
L L l Mm Nn Oo Pp
Qq Rrr Ss Tt Uri.
Vv Ww Xx Yy Zz.!(:)

Trockendocks
BLOHM & VOSS,
Schiffswerften.
·HAMBURG·

Blatt 13.

BLOCKSCHRIFT „mit Füßen".

Wie bei den Blättern die aus freier Faust geschrieben, wie es die Federhaltung wird belieben, soll uns auf nächstem Blatt hier jetzt begrüßen die wohlbekannte Schrift, je= doch „mit Füßen."

„Im Leben spricht man oft von manchen Dingen: „Die Sache, welche Hand und Fuß hat, muß demnach auch gelingen!" Behaupten kann man solches auch wohl von der Schrift, „die Füße hat",---(doch Hände hat sie nicht).

Man steht doch auch auf seinen eigenen Füßen; wenn man auf andere tritt,--dann muß man dafür büßen--; so gebt der Schrift auch ihren „eigenen Fuß", auf dem sie steht. Versucht es nur! Erstaunt! „Sobald es geht."

Jedoch,- soll dieser Anfang gut gelingen, dann soll'n die „Füße" sich nicht ineinander schlingen. Den nötigen Abstand also eigen wahren, ein schlechtes Wortbild wird sich uns sonst offenbaren.

Die Fußform für die Schrift ist sehr verschieden: Gerad' und krumm, auch nach Belieben kann man wählen, wie es grad gefällt; die Hauptsach' bleibt, daß man den Abstand hält. Die Schriftenformen, kennt bereits ein jeder, die vorzuschreiben sind mit breiter stumpfer Feder. Mit anderer Feder dann gespaltene, spitze, scharfe Formen noch zu machen, - das kann doch jeder wohl,- sind wahrlich leichte Sachen.

Probieren geht über studieren!

Senkrechte Block mit schlankem Fuß.

ABCDEFGHJKLMN
OPQRSTUVWXYZ!
abcdefghijklmno
pqrrstuvwxyz.1
234567890.1813.

Mit breiter Kugelfeder vorschreiben, mit spitzer Feder die Füße zeichnen. Die folgende Schrift mit abgerundeten Füßen nur mit Redisfeder geschr.

ABCDEFGHJKLM
NOPQRSTUVWX
YZ.1234567890!
abcdefghijklmn
opqrrstuvwyz.

Redisfeder gut anzuwenden!

Blockschrift mit scharfkantigen Blockfüßen.

Blatt 15.

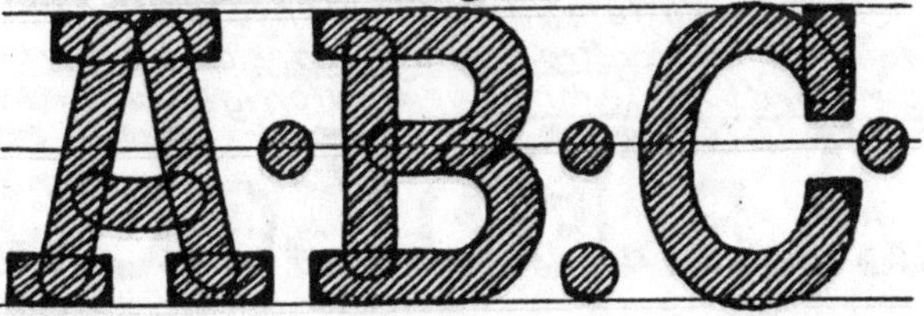

Die runden Füße sind, durch Anwendung einer spitzen Feder, in scharfkantige Formen umgewandelt worden.

In obiger Darstellung bedeuten die schraffierten Teile die mit einem Federstrich hergestellten Grundformen der Buchstaben.

Die mit einer anderen Feder vervollständigten Füße sind durch voll schwarz kenntlich gemacht.

ABCDEFGHIJ
KLMNOPQRS1
TUVWXYZett!
abcdefghik
lmnopqrrst
uvwxyz16627.

Blatt 16.

Schrift mit gespaltenen gerollten Füßen, ohne anderweitige Nacharbeitung. Ausführung soll veranschaulichen, daß man mit der Redis= u. Kugelfeder auch einfache Zierschrift mit Leichtigkeit anzufertigen imstande ist.

A a B b C c D d

E e F f G g H H

h J I i j K k L L

l M M m N N

n O o P p Q q R r

r r S S s T t U U

u V v W X Y Z !

Anwendungen: Blatt 17.

Dieselmotore.
Turbinenbau.
Schiffsmaschine.
Fabrikanlagen
Bebauungsplan
Ausverkauf.

Für Haupttitel sind geeignet obige Schriften ausgezeichnet, weil die leichte Herstellungsart auch „viel Zeit und Geld erspart." Auch für Warenhaus, Geschäfte empfiehlt man diese Schrift auf's beste.

Wenn der Wortlaut augenfällig, trotzdem sei er doch gefällig mit der Feder hingeschrieben, -wie man schreibt, steht im Belieben

Wie die Aufschrift auch mag lauten, ob für Handwerk, Praxis, Bauten, ob für Schulen, ob für's Haus, immer kenne man sich aus, daß das Wortbild sei indessen auch dem Zwecke anzumessen."

„Ist der Zweck erreicht?!" Alsdann hat man selbst auch Freude d'ran.

Keulenschrift.

Blatt 18.

Diese Schrift ist zweckdienlich anzuwenden, wenn die einfache dünne oder dicke Skelettschrift anfangs noch nicht besonders gelungen ist, so daß der senkrechten oder schrägen Stellung der Buchstaben, sowie letzteren selbt, noch allerlei verschiedenartige Mängel anhaften sollten. Mit Leichtigkeit kann man diesen Unregelmäßigkeiten begegnen, oder letztere auch fast ganz beseitigen, wenn mit breiter Feder den erwähnten mißlungenen Schriftzeichen die Keulenform hinzugefügt wird; indem auf diese Weise die erwähnten Ungleichheiten fast völlig beseitigt werden können.

Der Zeit und dem Zweck entsprechend, ist die als schon mißlungen betrachtete Schreibarbeit, mit nur geringem Aufwand an Zeit oder Mühe, in den meisten Fällen noch, auf genannte Art, immerhin verwendungsfähig herzurichten.

Jst man bestrebt, nach vorstehender Anweisung, eine fehlgeschlagene Schriftenarbeit noch zu retten, so sei hiermit gleichfalls darauf hingewiesen, daß diese Rettungsmöglichkeit sich am besten – mit gutem Erfolg – anwenden läßt, wenn die Titelschrift nicht zu sehr gedrängt steht und, ihrer Höhenabmessung gemäß, noch so viel Spielraum verbleibt, daß man die Rundungen verstärken kann. Dasselbe gilt auch für die Füße, denn durch die Verstärkung der Keulen- oder

Keulenschrift. Blatt 19.

Tropfen form würden die erzeugten neuen Formen manchmal leicht miteinander zusam=men fliessen. Aller Anfang ist schwer

Die Zeit lindert manchen Schmerz.

ABCDEFGHIJ

KLLMNOPQ

RSTUVWX?

YZabcde!

fghijklmn

opqrstuv

wxyz1234

567890.192

Querschnitt.

Skelettschrift, Blatt 20.

runde Form, gerade Füße; aus freier Faust gefertigt!

abcdefghijkl

mnopqrstuv

wxyzʒ ABCD

EFGHJKLMN

OPQRSTUW

VXYZ fl, ft, ff, ſt, ß.

Schriftschreiben

keine Kunst - aber Fertigkeit, die jedermann sich leicht zu eigen machen kann! Ohn' Fleiß kein Preis! Maßstab.

Blatt 21.

System=Schrift.

System=Schrift.

Für die Anfertigung obiger Schrift ist ein gewisses System oder eine umständliche Methode erforderlich, weshalb der obige Titel gebraucht ist. Nach ihrer jeweiligen Ausführungsart wird diese Schrift oftmals auch als „Ziehfederschrift" bezeichnet. Wie man bei vielen Sachen, welche nach Zwang=Normen und Zwang=Formen hergestellt sind, gewisse Unfertigkeiten und Unausgeglichenheiten beachten kann, so vermag man auch bei dieser „Systemschrift" diese genannten Eigenschaften sehr genau zu erkennen. Aber, abgesehen von den umständlichen, zeitraubenden und trotzdem unverläßlichen Einteilungsarbeiten für die Einzelschriftzeichen, und der Vorzeichnung der für sie zu verwendenden Felder, so erfordert auch noch die erwünschte Raumteilung zwischen den einzelnen Buchstaben und Wortgebilden eine richtige Geduldsprobe, wenn einigermaßen genügende und gut lesbare Wortbilder entstehen sollen.

Wer nach ähnlichem System Schriften geschrieben oder gezeichnet hat, wird diese Behauptung doch einwandfrei bestätigen.

Selbst wenn, bei solchen Buchstaben die Füße haben, die senkrechten Grundstriche dieselben Breitenabstände wie die anderen kleinen

System=Schrift. Blatt 22.

Schriftzeichen erhalten werden, tritt trotzdem noch eine nicht beabsichtigte geringe Unregelmäßigkeit der zusammengehörenden Buchstaben merklich in Erscheinung.

—— Wenn dieses Heftchen auch nur solche Schriftarten behandeln sollte, die auf leichte Art verhältnismäßig schnell hergestellt werden können, so sind die Blätter 21-23 nur aus dem Anlaße eingereiht worden, um als Beweis und Beispiel der Umständlichkeiten zu dienen, die für die Herstellung der „System=oder Ziehfeder=Schrift" erforderlich sind. ——

ABCDEFG
HJKLMNO
PQRSTUV
W()XYZ123
4567890P.S.
KASTELL

Redisfeder 1146.

Systemschrift. Blatt 23.

abcdefghikm
lnopqrstuvw
xyz. Vaterland
acbefghikl
bmnopqrsu
tvwxyz. auf
„Ans Vaterland,
ans teure, schließ'
Dich an, das halte
fest mit Deinem
ganzen Herzen!"
Deutsche Art!

Redisfeder 1146.

Redisfeder 1146.

Kursiv-Blockschrift.

A B C D E F G I

G H I K L L M

M N N N O P Q r

R S S T U V W

V W X X Y Y Z

Zabern, Kiel.

abcdefghijkl

mnopqrsstuv

wxxyzz.?()ßst.

Deutschland.

Rundschrift Blatt 25.

und abgeleitete besondere Formen, um auch andere Schriftarten aus=zuführen, die sämtlich nur mit der Rundschriftfeder geschrieben worden sind. 1234567890. 7/20.

Der Rundschriftfeder, der allbekannten, in deutschen und auch anderen Landen, mit welcher man sonstige Schriften noch macht, der sei in folgenden Blättern ge=dacht. Selbst Schwabacher, Gotisch und flotte Fraktur mit Rundschriftfeder schreibt folglich sie nur; es wird hier gezeigt, daß mit einigem Schwung man auch Buchstaben schreibt, bald eckig, bald rund. Geht der „Auf=strich" steil, dann wird sich uns zeigen, daß die Rund=schrift schlank wird und trotzdem eigen; hält man die Feder hingegen flach, – die Schrift erscheint rund – und ist ganz leicht gemacht. Aber der „Grundstrich" wird demnach verschieden, wie er nun

Rundschrift. Blatt 26.

sein soll steht ganz im Belieben.
Wie man die Feder mag drehen und wenden, die betreffende Schriftart nur trefflich vollenden, das ist die Hauptsach'. Verfolgt diese Spur auch bei Römisch und Gotisch und auch bei Fraktur.

Was man, ähnlich wie Rundschrift, selbst schreiben noch kann, dies zeigen die späteren Blätter noch an.

Denn mit etwas Geduld – selbst bei schwierigern Sachen – läßt sich, mit der Zeit, auch noch mancherlei machen; die Rundschriftfeder bietet uns viel: Die Beharrlichkeit aber führt sicher zum Ziel!

An den nachfolgenden Beispielen ist die Formbildung einiger Buchstaben kurz erläutert.

Kennt man die richtige Federführung für die Rundschrift, dann sind für die Herstellung der anderen Schriften keine nennenswerten Schwierigkeiten mehr zu überwinden.

Die Pfeilrichtungen geben die Führungen an.

Rundschriftübungen.

oecaui

hnlldgf

ksrzzß;

jpqffßflz!?:ab,

nun, immer, zu

abcdefghikl

mnopqrstxy

ABCDDEEF

GHHIJKLM

NOPQRSSst

TUVWXYCYZeit.Z

Bl. 28.

Rundschrift mit steilem „Auf"strich. Gr. u. kl. Alpha

A B C D E F G H I

J K L M N O P p

Q R S T U V X

W Y Z Zeitdauer

a b c d e f g h i j k

l m n o p q r s t u v

w x y z z. Halter

aus im Sturmgebraus!

Wagerecht, schräg und senkrecht, ziehe Hilfslinien

Nach vorn geneigte Schrift. Blatt 29.

a b c d e f g h i k l m n o p

q r s t u v w x y z ʒ. ſſ. ſt.

A B C D E F G H I K

L M N O P Q R S S T ß

U V W X Y Z Zulw.

Lagelinien für die Richtungen der Auf=u.Grund=Striche dieser Schriften sind sehr notwendig.

Liegende Schrift.

a b c d e f g h i k l m n

o p q r s t u v w x y z ʒ.

A B C D E F G H I K

J L M N O P Q R R

S S T U V W X Y Z B

Aneinander gefügte liegende Schriftzeichen.

Blatt 30.

Kursiv=Rundschrift.

abcdefghiklmnop
qrstuvwxyzzage
1234567890. Nur
nicht verzagt; wagt!
ABCDEFGH
HIJKLMNOP
QRSST; UWe
VXYZauberei?
Baupolizei-Behörde.
Dampfmühlen.

Lagelinien für die Grundstriche angeben.

Schwabacher. Blatt 31.

A B C D E F G H I
K L M N O P Q R
S T U V W X Y Z elt

Der Krieg, ein Mahner
zur Arbeit und zum Lernen.

a b c d e f g h i k l m j n
n o p q r s s ſch, ſt, ß, ff,
t u v w x y z z. zuviel.

Hochmut kommt vor dem Fall:
Übermut tut ſelten gut.

- doch mit des Geſchickes Mäch-
ten iſt kein ew'ger Bund zu flech-
ten -- Das Lied von der Glocke.

Deutsche Zierschrift. Blatt 32.

ABCDEFGHIKTL

LMNOPQRSTUW

VXYZ Zum Werke, das

wir ernst bereiten, u.s.w.

abcdefghiklmnopqr

ſstſtßuvwxyz. Undank.

Ähnliche Schrift, schmal u. schlank

ABCDEFGHIKLMNOPQ

RSTUVWXYZ. abcdefghijk

lmnopqrſstßſtuvwxyz. und

Elektrizitätsblockstation A.

Deutſche Schrift. Blatt 33.

Aus breiten geraden ſenkrechten und wagerechten und dünnen ſchrägen Strichen zuſammengeſtellt.

abcdefghijkln

mopqrsſſtuvw

xyz. ABCDEG

Jahn K Leipzig

Memel, Garbe.

HFKort, Nagel,

OPQRSTUral.

v Weddigen's

Heldentaten.

Breite deutsche Schrift mit Rundungen.

Blatt 34.

ABCDEFGHJKLM
NOPQRSTUVWX
YZarismus. Glück.
abcdefghiklmno
pqrsßſtuvwxyz
Waffenerfolge und Kriegsglück; mit Gott für Recht und Reich, deutsche Ehr' und deutsche Treue.

Gotiſche Schrift, Blatt 35.

mit Rundungen, ſcharfen Ecken.

A B C D E F G H

J K L M N O Q

P R S T U V W

X Y Zwingburg.

a a a b b c d e i f g

h h i i k l m n n o p q

r ſ s t u v w x y z ʒ ß.

Obererdgeſchoß.

Nur Rundſchriftfeder benutzt.

Deutsche Fraktur. Blatt 36.

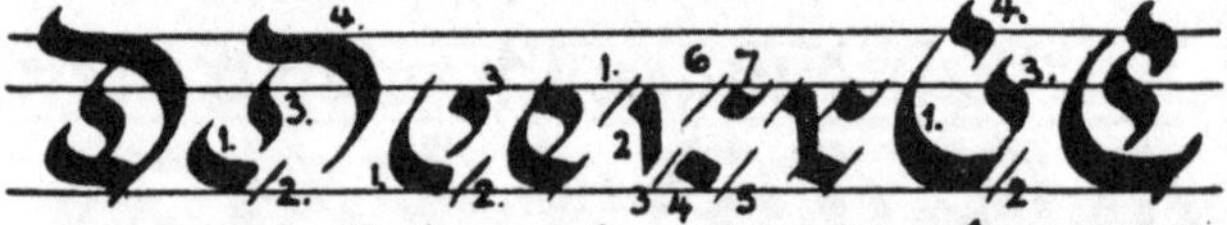

ABCDEFGHJ

KLMNOPQR

STUVWXYZ

Konstruktionen.

abcdefghijklmno

pqrſßtuvwxyz.übe

ABCDEFGHIK

LMNOPQRST

UVWXY Ziellinie

Wählt das obere oder das untere gr. Alphabet.

Schlanke Fraktur. Blatt 37.

Achte hier auf Klein zu groß, wie 3 zu 4.

A B C D E F G H I J

K L M N O P Q R S T

U V W X Y Z Zebra

abcdefgjikmnlo

poqrſtuvwxyzz:

Es recht zu machen

jedermann, iſt eine

Kunſt, die niemand kann

Breite deutsche Schrift, schräge Füße.

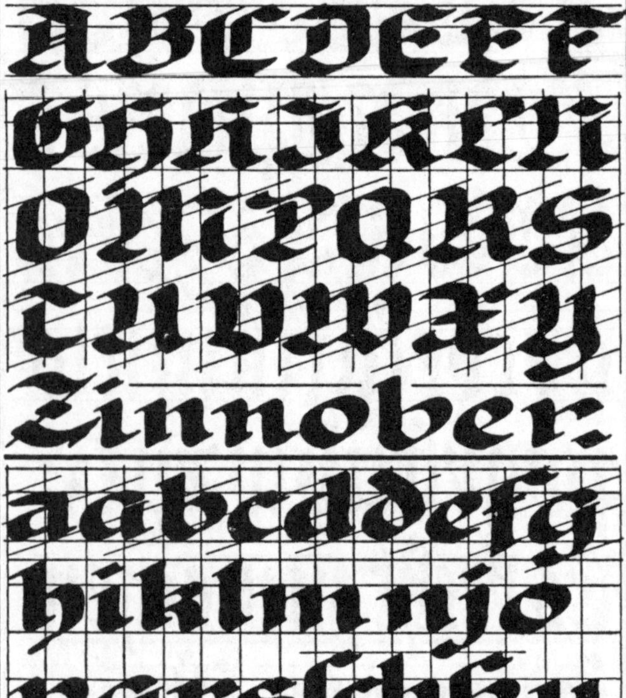

Senkrechte u. schräge Richtungslinien machen

Deutſche Schrift, Blatt 39.

mit geraden Strichen, wenig Kurven.

ABCDEFGHIJKL

MNOPQRSTUV

WXYZ. Erdgeſchoß.

abcdeſghikljmno

pqrſtuvwxyz. ſl; s

Ohn' Gunſt iſt alle

Kunſt umſunſt!

Zeichnungen

für einen

Krieger-Friedhof.

Schrift, nur wenig Übung nötig.

Schlanke schräge Rundschrift.

Blatt 40.

A B C D E F G H I
K L M N O P Q R
S S T T U V W X Y
Z a b c d e f g h i j k l m n o
p q r r s ß ſt u v w x y z z u r
A B C D E F G H J
K L M N O P Q R S
T T U V W X Y Z oll.

Flotte schräge Rundschrift, mit kleinen Füßen.

A B C D E F G H I J
K L M N O P Q R
S T U V W X Y Z a
b c d e f g h j k l n o p q r s ſt w z.

Zierschrift. Blatt 41.

ABCDEFGH
JKLMNOP
QRSTUVW
XYZabcdefgh
ikljmnopqrſs
tßuvwxyz.123
4567890.offen

Um obige Schrift herzustellen, verfährt man am vorteilhaftesten, wenn mit der Rundschrift-, Platten-Feder, breitem Pinsel oder Schreibspahn und ähnlichen Hilfsmitteln nur die Grundstriche vorgearbeitet werden, je nachdem, welchem Zwecke diese Arbeit dienen soll. **Blatt 42.**

Verbindungsstriche, Fähnchen und Ausläufer bei einzelnen Schriftzeichen dieser Form fügt man mit der spitzen Feder oder mit sonst sich gut eignenden Hilfsmitteln hinzu.

Breite, ſenkrechte Rundſchrift.

Nur Rundschr.=Feder benutzt.

ABCDEFGJ

HKLMNO

PQRSTUV;

WXYZabc.

defghiklm.

nopqrstuvz.

Geringe Mühe wird es machen, die Richtungslinien zu beachten.

Skelettschrift und Blockfüße, die gänzlich mit der Rundschriftfeder angefertigt wurden.

ABCDEFGHJK
LMNOPQRSTU
VWXYZabcde
fghijklmnopqr
st ſtu ßfleißig, vyz.

Die Richtungslinien sind, entsprechend der Schriftneigung, leicht vorzuzeichnen. Die Schreibfläche legt man so vor sich hin, daß die linke Partie der Schriftstandlinien links oben und die rechte Partie rechts unten zu liegen kommt; so daß man die Fußstriche -auf sich zu- schreiben kann. Die dünnen anschliessenden Auf-striche schreibt man dann rechts aufwärts, wie durch die Lage der Richtungslinien angedeutet worden ist. Nach einem untenrundlichen Schriftzeichen schreibt man erst den einen Fuß des folgenden Zeichens und alsdann den Auf-strich dazu. Auf diese Weise kommt ganz von selbst das Ebenmäßige in der Schrift zustande und auch dem Zusammenhängen der Füße wird rechtzeitig vorgebeugt. Das auf Blatt 43 hingeschriebene Alphabet zeigt, mit allen anhaftenden Mängeln, wie es mit Anwendung der Rundschriftfeder entstanden ist.

Blatt 44.

Nachstehend ist dieselbe Schrift dargestellt, welche, nach dem schon erwähnten Vorschreiben, mit nur geringer Nachhilfe entstehen soll.

Daß nach der genannten Weise eine gutstehende Schrift, die auch schön leserlich ist, gegen das sonst übliche langwierige Schriftzeichnen, vergleichsweise sehr schnell und auch zweckdienlich angefertigt werden kann, wird wohl jedem verständlich sein.

Ja, wenn nur einmal unbedacht
der Meister einen Fehler macht,
wie klug dünkt sich und helle
dann Lehrling und Geselle.

Aus der Werkstatt des Lebens. (Gedicht) W.M=R.
(aus „Fliegende Blätter.")

ABCDEFGHJL
MNOPRSUKL

Selbst für Schrift, die als Abart der römischen Schrift leicht zu erkennen ist, leistet die Rundschriftfeder ganz vorzügliche Hilfsdienste.

Rundſchrift mit verſchiedenartigen Füßen.

Blatt 45.

A B C D E F G H

I K L M N W

O P Q R S T U V

X Y Z a b c d e f g h

i k l m n o p q r ſ s t

u v w n x y z. Erſt

wäg's, dann wag's.

Rundschrift. Blatt 46.

A B C D E F G H I J L

M N O P Q R S U

T V W X Y Z K T

a b c d e f g h i k l m

n o p q r s ſ t u v w z

Müßiggang ist aller Laster Anfang.

Ordnung achten, übe sie, sie erſpart Dir Zeit und Müh'.

Sütterlin-Schrift

Blatt 47

Die Grundbuchstaben:

ABCDEFGHIJKLMN

OPQRSTUVWXYZ·

Sütterlin-Schreibschrift

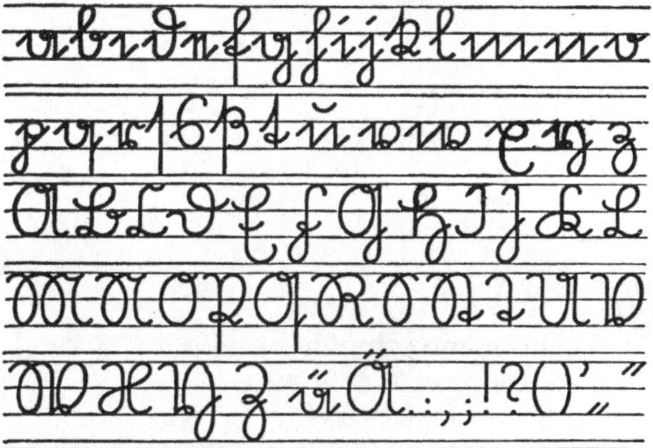

–1234567890–

Reprint einer Ausgabe von ca. 1919
6. Neuauflage 2022

Verwendete Schriften: 46 verschiedene Handschriften;
Vorwort/Impressum: Akko
Papier: 80 g/m² Schleipen bläulich weiß 1,75 vol FSC;
Umschlag: 200 g/m² Kraftpapier
Gesamtherstellung: Memminger MedienCentrum

Das Papier für dieses Buch stammt aus wirtschaftlich, sozial und ökologisch nachhaltig bewirtschafteten Wäldern und entspricht deshalb den Standards der Kategorie »FSC Mix«.

Verlag Hermann Schmidt
Gonsenheimer Straße 56
55126 Mainz
Tel. 0 61 31/50 60 0
Fax 0 61 31/50 60 80
info@verlag-hermann-schmidt.de
www.verlag-hermann-schmidt.de
facebook: Hermann Schmidt Verlag
twitter: VerlagHSchmidt

verlag hermann schmidt
ISBN 978-3-87439-691-2
Printed in Germany with Love.

Dies ist der Reprint eines Flohmarkt-Fundstücks, das um 1905 als Teil einer kleinen Schriftenreihe zu Typografie und Schrift erschien. Es fand seinen Weg in die leidenschaftlich gefüllte Verlegerbibliothek und wäre dort weitgehend vergessen worden, wäre es nicht Karin und Bertram Schmidt-Friderichs beim Aufräumen wieder in die Hände gefallen.

Blättern. Schmunzeln. Mitnehmen in den Verlag. Ansteckende Begeisterung. Haben wollen.

Auch gut 100 Jahre später können Sie anhand der Schriftmusterblätter Ihre Handschrift trainieren und Regeln des Umgangs mit Schrift lernen. Oder Sie freuen sich einfach an dem liebevollen Kleinod, ohne dass Sie über Flohmärkte streifen müssen …

9783874396912